OSS 117

ALERTE ROUGE EN AFRIQUE NOIRE

LIVRET DE JEU

SOMMAIRE

1 LE FILM

OSS 117
ALERTE ROUGE EN AFRIQUE NOIRE

L'UNIVERS OSS 117

OSS 117 est un espion des années 1940, imaginé par Jean Bruce dans une série de romans. Jean-François Halin, scénariste, a réinventé ce personnage pour qu'il devienne un agent français sur le grand écran. Un héros ? Oui ! Même s'il est bourré de préjugés misogynes et racistes, et qu'il déborde d'orgueil jusqu'à en devenir insupportable, il est également un agent d'exception parfois attendrissant.

OSS 117, Alerte rouge en Afrique noire, est le troisième opus de cette saga humoristique et irrévérencieuse. L'action se déroule en 1981. OSS 117 a pris de l'âge et se confronte à la nouvelle génération, incarnée par OSS 1001. Un duo que tout oppose, sauf la mission qu'ils doivent accomplir ensemble.

L'ADAPTATION EN ESCAPE GAME

OSS 117, Alerte rouge en Afrique noire est un film d'espionnage. Les deux agents, incarnés par Jean Dujardin et Pierre Niney, partent en opération à l'étranger pour y démanteler un réseau de rebelles et empêcher un coup d'État. Le scénario est idéal pour s'adapter à un jeu d'énigmes !

Votre mission, si vous l'acceptez, est d'incarner l'un des deux héros d'*OSS 117, Alerte rouge en Afrique noire*. Mais rassurez-vous : même si vous louperez certaines références (ce qui est fort dommage !), il n'est pas indispensable d'avoir vu le film pour jouer.

Vous retrouverez dans cette expérience les codes habituels d'un *escape game* : des casse-tête à résoudre, des cadenas à ouvrir, des erreurs à commettre et des idées à explorer... Préparez-vous à actionner vos méninges !

Deux personnages, deux aventures : vous aurez la possibilité de rejouer le scénario en incarnant OSS 117 et OSS 1001 afin de vivre l'histoire de deux points de vue différents.

Paré au décollage ? C'est parti ! On s'envole vers l'Afrique !

2 LE SCÉNARIO DU JEU

1981

Envoyé en opération au cœur de l'Afrique noire, Hubert Bonisseur de La Bath, alias OSS 117, doit empêcher l'organisation d'un coup d'État contre le président Sangawe Bamba. Cette mission se serait déroulée sans accroc s'il n'avait pas été contraint de faire équipe avec Serge, un jeune agent inexpérimenté portant le matricule OSS 1001.

Qu'à cela ne tienne, le devoir l'appelle jusqu'au fin fond de la brousse, près d'un entrepôt rempli d'armes et gardé par un groupe de rebelles sous les ordres de Lépervier, un mercenaire sans foi ni loi. Les deux agents ont carte blanche pour le neutraliser.

À VOUS DE JOUER !

Choisissez l'un des deux héros et rejouez ce passage culte du film **OSS 117, ALERTE ROUGE EN AFRIQUE NOIRE**.

Parviendrez-vous à en sortir indemne ?

3

LES PERSONNAGES

OSS 117, HUBERT BONISSEUR DE LA BATH
Le meilleur agent

OSS 1001, SERGE
La dernière recrue

SANGAWE BAMBA
Le Président

ZÉPHYRINE
L'épouse du président Sangawe Bamba

LÉPERVIER
Mercenaire, vendeur d'armes

MICHELINE PIERSON
La chargée de clientèle de l'hôtel

PROMEDI
L'employé de l'hôtel

ARMAND LÉSIGNAC
Le chef des services secrets français

JEAN-LOUP
Le collègue informaticien

4

LES RÈGLES DU JEU

LE CONTENU DE LA BOÎTE

- 120 cartes numérotées ;
- Le plan de l'entrepôt ;
- Ce livret.

LES PERSONNAGES

Avant de commencer la partie, choisissez le personnage que vous souhaitez incarner. Retournez les cartes **A** et **B** afin de décider !

117 **OSS 117 : niveau facile** (**CARTE A**)

1001 **OSS 1001 : niveau intermédiaire** (**CARTE B**)

Après ce choix, vous serez invité à retourner d'autres cartes. Deux d'entre elles vous permettront de comptabiliser vos points. Vous en avez 5 au début du jeu et c'est le maximum que vous pourrez atteindre au cours de l'aventure. Si le total tombe à zéro, la partie est perdue.

Voici un bon conseil à suivre : essayez de prendre les bonnes décisions, celles qui sont cohérentes avec la personnalité de votre personnage.

Les deux personnages sont associés à des couleurs différentes (bleu et orange). Pendant le jeu, ces couleurs devront être respectées lorsqu'il vous sera proposé de retourner une nouvelle carte.

L'INSTALLATION DU JEU

Les cartes

Au début de la partie, vous avez accès aux cartes ***A*** et ***B***. Choisissez le personnage que vous souhaitez incarner, puis laissez-vous guider.

Toutes les autres cartes restent faces cachées, aussi longtemps que le jeu ne vous aura pas indiqué d'en retourner une nouvelle.

Au fur et à mesure de votre avancement, vous pourrez vous défausser des cartes utilisées : elles ne servent qu'une seule fois.

Cependant, certaines d'entre elles sont marquées d'une petite **loupe**.

Ces cartes, une fois révélées, seront conservées jusqu'à la fin de la partie.

Lorsque l'aventure du premier personnage est terminée, le jeu doit être remis à zéro. Toutes les cartes sont remises faces cachées.
La seconde partie commencera avec la carte associée au nouveau personnage : ***A OU B***.

Le plan de l'entrepôt

Vous n'en avez pas besoin au début de la partie. Ne le regardez pas tant que ne serez pas invité à le faire.

QUELQUES ACCESSOIRES À AJOUTER

Armez-vous d'un papier et d'un stylo. Vous aurez peut-être besoin de prendre des notes ! Certaines énigmes peuvent nécessiter une recherche sur Internet. N'hésitez pas à vérifier si vous avez un doute.

L'UTILISATION DE L'INDEX DES CODES

Ce livret contient tous les codes (combinaisons chiffrées) que vous découvrirez en résolvant les énigmes du jeu.

Dès que vous identifiez un code, reportez-vous à l'index de ce livret. Il vous indiquera si vous avez trouvé la bonne réponse ainsi que le numéro de la carte suivante à retourner. Attention à ne pas aller trop vite : dans certaines situations, vos erreurs pourront vous faire perdre des points !

L'UTILISATION DES INDICES ET DES SOLUTIONS

À la fin de ce livret, vous trouverez également une liste d'indices. Vous pourrez la consulter à tout moment, dès que vous vous sentez bloqués sur une énigme.

Enfin, au besoin et en dernier recours, toutes les solutions sont détaillées dans les dernières pages de ce livret.

NOUS VOUS SOUHAITONS UNE BELLE AVENTURE !

5 L'INDEX DES CODES

Tous les codes sont classés par ordre croissant.

LES CODES À TROIS CHIFFRES :

102 : Ce n'est pas la bonne réponse.

117 : Clac. Le cadenas s'ouvre. Prends la carte 39.

123 : Quelle précision ! Ces jumelles sont bien plus utiles que les tiennes. Maintenant qu'elles sont réglées, tu peux prendre la carte 30.

124 : Vous n'allez pas du tout dans la bonne direction !

125 : Non, ce n'est pas la bonne réponse.

127 : Hum. Peut-être que tu as tourné la lentille de droite plutôt que la molette…

134 : Si tu es OSS 1001, tu prends la clef pour ouvrir le coffre de la R12 Gordini. À l'intérieur, tu trouves les câbles dont tu as besoin. Retourne la carte 106.

135 : Vous n'allez pas du tout dans la bonne direction !

136 : Tout devrait mieux fonctionner maintenant que tu as rebranché correctement ces trois pains. Retourne la carte 21.

145 : Ce n'est peut-être pas le bon ordre.

156 : Non, ce n'est pas la bonne réponse.

158 : De la vodka, vraiment ?

161 : Tu as tout le nécessaire pour faire la bombe automatique. Il n'y a plus qu'à coder le programme. Continue en retournant la carte 19.

163 : Peut-être que les chiffres ne sont pas mis dans le bon ordre.

170 : Non, il doit y avoir une erreur dans votre raisonnement !

190 : Vous n'allez pas du tout dans la bonne direction !

198 : Non, ce n'est pas la bonne caisse.

223 : Vous êtes allongés au sol, c'est plutôt stable, non ?

235 : Ce n'est pas ici que tu dois chercher.

240 : Tu as tout ce qu'il faut pour répartir les explosifs. Prends les cartes 102 et 41.

256 : Ce n'est pas ici que tu dois chercher.

258 : C'est sûr, ça change de la Suze. Mais ta réponse fait mouche. Tu marques 1 point pour être dans le coup. Continue avec la carte 82.

265 : C'est le numéro que tu as vu, mais aucune caisse ne porte ce numéro.

278 : Tu t'accroupis pour soulever la latte. Prends la carte 100.

279 : Non, ce n'est pas la bonne caisse.

285 : Il n'y a rien à faire avec ce numéro ici.

316 : Peut-être que les chiffres ne sont pas mis dans le bon ordre.

320 : Il n'y a rien dessous.

361 : Peut-être que les chiffres ne sont pas mis dans le bon ordre.

367 : Non, ce n'est pas la bonne caisse.

378 : Si tu es OSS 117, tu as donné la bonne direction à Promedi : *« Suivez le nord-ouest ! S'il-vous plaît. »* La Jeep démarre. Prends la carte 46 pour continuer l'aventure dans la brousse.

421 : Non, ce n'est pas la bonne caisse.

426 : Non, c'est la clef de la caisse à outils !

431 : Il n'y a rien dessous.

438 : En ouvrant la caisse, tu découvres les explosifs. Parfait ! Prends la carte 95.

457 : Non, ce n'est pas la bonne caisse.

467 : Non, ce n'est pas le code du cadenas…

502 : Non, ce n'est pas la bonne caisse.

514 : Non, ce n'est pas la bonne réponse.

519 : As-tu bien regardé le numéro du conteneur d'où proviennent les caisses ?

530 : Il n'y a rien dessous.

541 : Les câbles ont été débranchés et rebranchés. Est-ce que ça marche ? Prends la carte 73.

563 : Comme quoi, le langage des jeunes n'est pas si compliqué ! Prends la carte 56.

581 : Vous n'allez pas du tout dans la bonne direction !

592 : Tu as trouvé la caisse avec la balise ! Bien joué ! Prends la carte 23.

603 : Non, cette clef ne sert à rien !

613 : Peut-être que les chiffres ne sont pas mis dans le bon ordre.

631 : Peut-être que les chiffres ne sont pas mis dans le bon ordre.

653 : Il n'y a rien dessous.

655 : Non, ce n'est pas la bonne caisse.

672 : Bravo, c'est le code du cadenas. Il y a un pied-de-biche à l'intérieur. Prends la carte 91.

699 : Vous n'allez pas du tout dans la bonne direction !

713 : Si tu es OSS 1001, tu as identifié la bonne direction. Prends la carte 14.

730 : Non, ce n'est pas la bonne caisse.

739 : Si tu es OSS 117, tu prends la clef pour l'insérer dans la serrure de l'armoire électrique. Clic. Ça fonctionne ! Prends la carte 44.

743 : Il n'y a rien dessous.

745 : As-tu bien regardé le numéro du conteneur d'où proviennent les caisses ?

812 : Non, ce n'est pas la bonne caisse.

852 : Non, ce cocktail manque de tequila !

863 : Il n'y a rien dessous.

920 : Vous n'allez pas du tout dans la bonne direction !

932 : Il n'y a rien dessous.

934 : Non, ce n'est pas le code du cadenas…

965 : Ce n'est pas ici que tu dois chercher.

LES CODES À SIX CHIFFRES :

102351 : Il n'y a pas que le chiffre 2 qui se complète avec la face B.

107351 : Non, ce n'est pas le code. La face B est utile…

112224 : Tu as dû faire une erreur quelque part.

121224 : Ce n'est pas la bonne réponse, il y a deux chiffres identiques qui se suivent.

121242 : Tu as dû faire une erreur quelque part, car tu arrives au KO avant le dernier coup !

123456 : Relis la consigne… il y a peu de chances qu'un code à deviner soit aussi simple, tu ne crois pas ?

134789 : Maintenant que les explosifs sont correctement placés, prends la carte 58.

135674 : Clac. Le loquet est entré et la porte est ouverte ! Prends la carte 40.

212124 : Beau combat, le rebelle est sonné : « *Je crois qu'il a eu son compte.* » Continue avec la carte 107.

212142 : Tu as dû faire une erreur quelque part, car tu arrives au KO avant le dernier coup !

249183 : Il ne suffit pas de prendre les premiers chiffres ici.

327621 : Ce code ne correspond à rien ici.

333567 : Non, ce n'est pas la bonne réponse.

335674 : Clac. Le loquet est entré et la porte est ouverte ! Prends la carte 40.

421212 : Tu as dû faire une erreur quelque part, car tu arrives au KO avant le dernier coup !

437482 : Le logiciel se lance. OSS 117 te donne sa boîte d'allumettes. Prends la carte 48.

653412 : Ce n'est pas la bonne réponse.

723612 : Tu joues la mélodie plusieurs fois. Le serpent est hypnotisé, tu en profites pour récupérer la corde. Tu peux maintenant retourner la carte 77.

763221 : Ce n'est pas la bonne réponse.

782864 : Ce code ne sert à rien !

782964 : Le radio-repéreur redémarre. Bingo ! Prends la carte 10.

6 LES INDICES

Pour obtenir des indices sur les énigmes du jeu, reportez-vous aux numéros inscrits au dos des cartes. Si l'énigme se résout à l'aide de plusieurs cartes, cherchez l'un des numéros dans cette liste : vous serez redirigé au bon endroit.

N'hésitez pas à consulter les indices en cas de blocage !

Carte 1 : À combiner avec les cartes 26 et 33.

Indice – Il manque quelque chose sur la face A, non ?

Carte 2 : À combiner avec la carte 86.

Indice – Certains mots ou certaines expressions ne vous paraissent-ils pas un peu désuets ? Remplacez-les !

Carte 4 : Voir la carte 29 (énigme du cocktail)

Carte 5 : À combiner avec la carte 27.

Indice – Il faut glisser les pièces numérotées sur les emplacements vides pour libérer la case (une seule case suffit) qui permet d'entrer le loquet.

Carte 6 : À combiner avec les cartes numérotées de 108 à 112.

Indice 1 – Pour bien aligner tout cela, l'important, ce sont les câbles. Pas les cartes !

Indice 2 – Attention, un autre branchement est possible. S'il ne fonctionne pas, c'est que ce n'est pas le bon. Cherchez encore !

Carte 9 : À combiner avec la carte 75.

Indice 1 – Il n'y a que certaines lettres à garder.

Indice 2 – Lesquelles ? La CLEF de l'énigme est écrite sur le carnet.

Carte 10 : À combiner avec les cartes 31, 79 et 87.

Indice 1 – Vous avez marché vers l'ouest (le point vert). Complétez la rose des vents pour mieux visualiser les points cardinaux.

Indice 2 – Sur le relevé 2, regardez votre rose des vents complétée pour savoir où est le point rouge (la balise).

Carte 11 : Indice 1 – Alerte rouge en Afrique noire.

Indice 2 – Certains mots en contiennent d'autres.

Carte 12 : À combiner avec la carte 71 et la carte 88.

Indice 1 – Frottez pour y voir clair.

Indice 2 – Dans la boîte, des allumettes. Et dessus, un indice ?

Carte 13 : Voir la carte 42 (énigme des jumelles)

Carte 15 : À combiner avec la carte 37.

Indice – Il vaudrait mieux finir ce combo avec l'uppercut !

Carte 18 : Voir la carte 29 (énigme du cocktail)

Carte 22 : À combiner avec les cartes 31 et 89.

Indice – Votre destination est en dehors de la carte.

Carte 24 : À combiner avec la carte 34.

Indice 1 – Si tel sosie dit vrai, alors les deux autres disent tout le contraire de la vérité. « Celui qui dit cela est un menteur » devient donc : « Celui qui dit cela est honnête. »

Indice 2 – Il faut tester chacune des possibilités. Parmi les trois possibilités, une seule résiste à ce raisonnement sans arriver à une contradiction.

Carte 26 : Voir la carte 1 (énigme de la cassette audio)

Carte 27 : Voir la carte 5 (énigme du loquet)

Carte 29 : À combiner avec les cartes 4 et 18.

Indice – N'oubliez pas qu'Internet est votre ami.

Carte 31 : Voir la carte 10 pour OSS 1001 (énigme du radio-repéreur) ou la carte 22 pour OSS 117 (énigme de la carte)

Carte 32 : À combiner avec la carte 105.

Indice – Une ligne droite relie, sans risque, les deux rives de la rivière.

Carte 33 : Voir la carte 1 (énigme de la cassette audio)

Carte 34 : Voir la carte 24 (énigme des sosies)

Carte 35 : Voir la carte 54 (énigme du lion)

Carte 37 : Voir la carte 15 (énigme du combo)

Carte 38 : Voir la carte 103 (énigme du mamba)

Carte 41 : Voir la carte 102 (énigme du C-4)

Carte 42 : À combiner avec les cartes 13 et 81.

Indice 1 – Suivez le mode d'emploi : bouton central, œil gauche puis œil droit.

Indice 2 – Ce sont les molettes qui tournent, pas les lentilles !

Carte 48 : À combiner avec la carte 50 et la carte 88.

Indice 1 – Frottez pour y voir clair.

Indice 2 – Comment la clef s'est-elle retrouvée ici, déjà ?

Carte 50 : Voir la carte 48 (énigme de la clef OSS 1001)

Carte 52 : À combiner avec les cartes 67 et 92.

Indice 1 – Vous devez d'abord avoir trouvé ces trois cartes avant de résoudre l'énigme.

Indice 2 – Une couleur et un numéro de conteneur suffisent à identifier la case.

Carte 53 : À combiner avec les cartes numérotées de 60 à 65.

Indice 1 – Les abréviations sont des couleurs.

Indice 2 – Si un câble du pain relie les deux premières couleurs indiquées, alors ce même pain, pour fonctionner, doit avoir un autre câble qui relie les deux dernières couleurs.

Carte 54 : À combiner avec la carte 35.

Indice – Comparez les modulations sonores et les intonations de la phrase.

Carte 59 : À combiner avec la carte 98.

Indice – Sens dessus dessous.

Cartes 60 à 65 : Voir la carte 53 (énigme des pains de plastic)

Carte 67 : Voir la carte 52 (énigme des caisses OSS 1001)

Carte 71 : Voir la carte 12 (énigme de la clef OSS 117)

Carte 75 : Voir la carte 9 (énigme du carnet)

Carte 79 : Voir la carte 10 (énigme du radio-repéreur)

Carte 81 : Voir la carte 42 (énigme des jumelles)

Carte 82 : Voir la carte 84 (énigme des lattes)

Carte 84 : À combiner avec la carte 82.

Indice 1 – Vous devez avoir l'indice de la carte 82 pour résoudre l'énigme.

Indice 2 – Si tout le monde l'a, alors l'intrus ne devrait pas l'avoir.

Carte 86 : Voir la carte 2 (énigme de la conversation)

Carte 87 : Voir la carte 10 (énigme du radio-repéreur)

Carte 89 : Voir la carte 22 (énigme de la carte)

Carte 92 : Voir la carte 52 (énigme des caisses OSS 1001)

Carte 96 : Voir la carte 103 (énigme du mamba)

Carte 98 : Voir la carte 59 (énigme des caisses OSS 117)

Carte 102 : À combiner avec la carte 41.

Indice 1 – L'objectif est de noircir toutes les cases du schéma.

Indice 2 – Le code se lit de haut en bas et de gauche à droite.

Carte 103 : À combiner avec les cartes 38 et 96.

Indice 1 – La musique est partout !

Indice 2 – Vous pouvez utiliser Internet pour connaître le nom des notes sur la portée.

Carte 105 : Voir la carte 32 (énigme de la rivière)

Cartes 108 à 112 : Voir la carte 6 (énigme des câbles)

LES SOLUTIONS DES ÉNIGMES

À ne consulter qu'en dernier recours.

Carte 1 : À combiner avec les cartes 26 et 33. Les traits sur les faces A et B se complètent. Le chiffre 1 de la face A devient un 7 et ainsi de suite. La réponse est 782964.

Carte 2 : À combiner avec la carte 86. Les passages un peu désuets de la conversation sont : « *cocasse* », qu'il faut remplacer par « *drôle* » ; « *à la bonne heure* » qu'il faut remplacer par « *parfait* » ; et « *fort sympathique* » qu'il faut remplacer par « *cool* ». La réponse est 563.

Carte 4 : Voir la carte 29 (énigme du cocktail)

Carte 5 : À combiner avec la carte 27. Pour débloquer la barre du loquet, il existe deux solutions. Solution 1 : Il faut commencer par déplacer la pièce 1 vers la gauche, la pièce 3 vers le haut, la pièce 5 vers la droite, la pièce 6 vers le haut, la pièce 7 vers la gauche et la pièce 4 vers le bas. La combinaison est 135674.

Solution 2 : Vous pourriez également déplacer la pièce 3 vers le bas, deux fois, la pièce 5 vers la droite, la pièce 6 vers le haut, la pièce 7 vers la gauche et la pièce 4 vers le bas. La combinaison est 335674.

Carte 6 : À combiner avec les cartes numérotées de 108 à 112.

Voici comment il faut assembler les cartes :

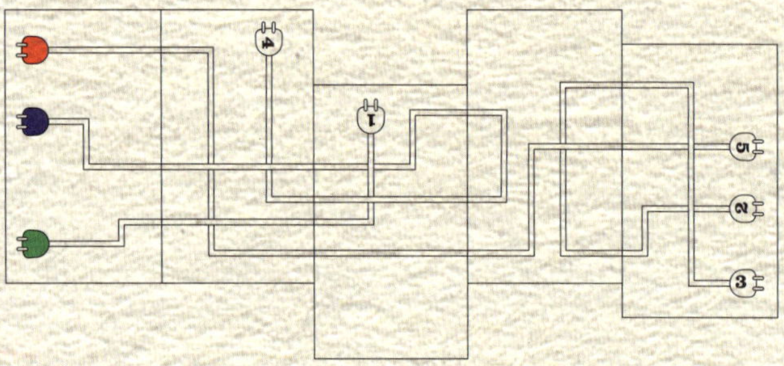

Aux extrémités des prises de couleur rouge, bleue et verte se trouvent les chiffres : 541.

Carte 9 : À combiner avec la carte 75. Il ne faut garder que les lettres du mot « bécane ». Les chiffres associés donnent le code 437482.

Carte 10 : À combiner avec les cartes 31, 79 et 87. Entre le relevé 1 et le relevé 2, le point vert s'est déplacé vers l'ouest. Si vous complétez la rose des vents en ajoutant la direction ouest, vous en déduisez que le point rouge se trouve au sud-est du point vert, sur le relevé 2. C'est le numéro 713 sur la carte 31.

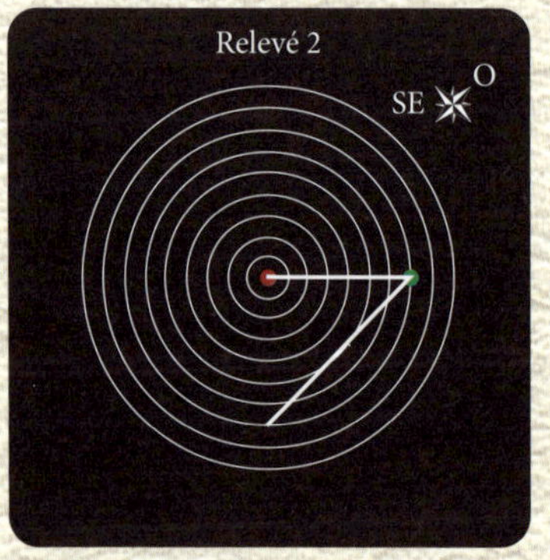

Carte 11 : Ce sont les mots écrits en rouge qui donnent les chiffres du code. Le premier contient le mot CENT (centaurus), le second contient le mot DIX (dixit) et le dernier contient le mot SEPT (antiseptiques). Le code du cadenas est 117.

Carte 12 : À combiner avec la carte 71 et la carte 88.

L'encre de cette carte disparaît sous l'effet de la chaleur. En la frottant, vous voyez quatre clefs. Le schéma dessiné sur la boîte d'allumettes invite à chercher le carré pour trouver la clef de l'armoire électrique. Le carré est formé avec trois des vis de l'illustration. La quatrième vis est masquée par la bonne clef numérotée 739.

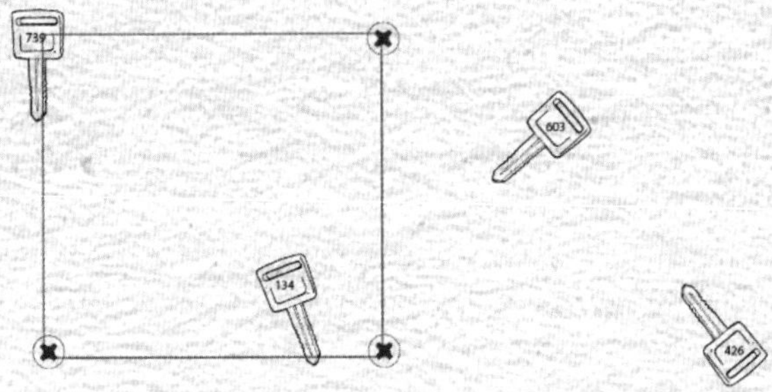

Carte 13 : Voir la carte 42 (énigme des jumelles)

Carte 15 : À combiner avec la carte 37. Afin de respecter les deux contraintes, il n'existe qu'un seul enchaînement possible : crochet/coup direct/crochet/coup direct/crochet/uppercut. Aucun coup identique ne se suit et le total de 10 points de dégâts n'est atteint que lors du dernier coup (l'uppercut). Le code est 212124.

Carte 18 : Voir la carte 29 (énigme du cocktail)

Carte 22 : À combiner avec les cartes 31 et 89. Même si elle est hors de votre plan, votre destination se trouve au nord-ouest ! C'est le numéro 378 sur la carte 31.

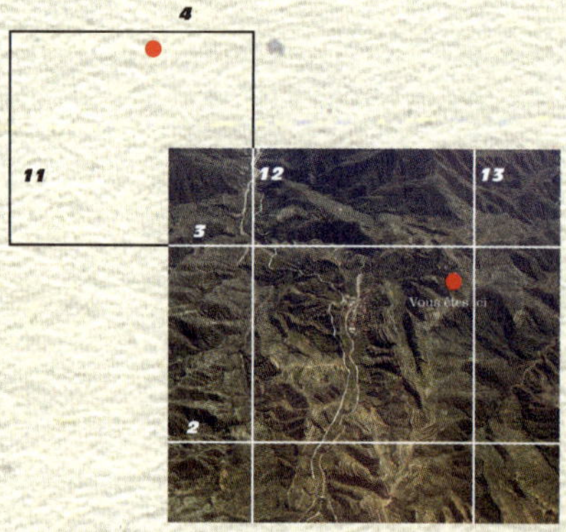

Carte 24 : À combiner avec la carte 34.

Il n'y a qu'une seule possibilité : c'est le sosie du code 672 qui est honnête. S'il dit vrai, alors celui qui dit 467 ment, et celui qui dit 934 ment également en disant que le sosie du 672 est un menteur : donc 672 dit bien la vérité.

Carte 26 : Voir la carte 1 (énigme de la cassette audio)

Carte 27 : Voir la carte 5 (énigme du loquet)

Carte 29 : À combiner avec les cartes 4 et 18. La solution peut facilement être trouvée sur Internet. Pour faire ce cocktail, il faut mélanger 6 cl de tequila, 12 cl de jus d'orange et 2 cl de sirop de grenadine. Le code est 258.

Carte 31 : Voir la carte 10 pour OSS 1001 (énigme du radio-repéreur) ou la carte 22 pour OSS 117 (énigme de la carte)

Carte 32 : À combiner avec la carte 105. Il faut se placer sur la croix de droite. D'ici, vous pouvez tracer une droite qui rejoint l'autre rive sans croiser de crocodile.

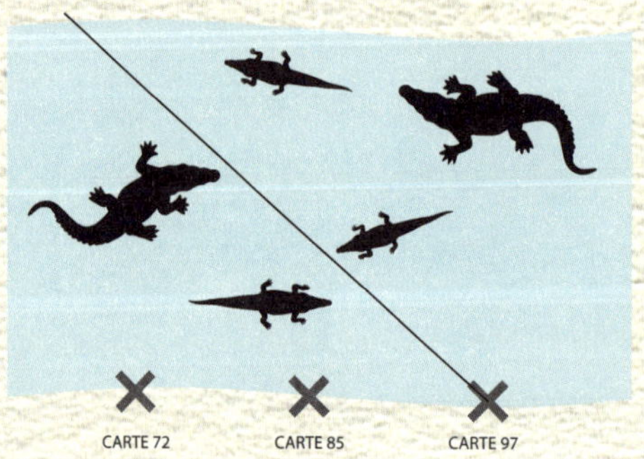

Carte 33 : Voir la carte 1 (énigme de la cassette audio)

Carte 34 : Voir la carte 24 (énigme des sosies)

Carte 35 : Voir la carte 54 (énigme du lion)

Carte 37 : Voir la carte 15 (énigme du combo)

Carte 38 : Voir la carte 103 (énigme du mamba)

Carte 41 : Voir la carte 102 (énigme du C-4)

Carte 42 : À combiner avec les cartes 13 et 81. Vous êtes en position stable, le bouton central doit être placé sur le 1. Ensuite, pour que le point rouge de la molette centrale soit dans la même position que celui de l'œil gauche, il faut le déplacer de deux crans vers la gauche. Celui de droite devra être déplacé de trois crans vers la droite. Le code est 123.

Carte 48 : À combiner avec la carte 50 et la carte 88. L'encre de cette carte disparaît sous l'effet de la chaleur. En la frottant, vous voyez quatre clefs. La clef de la R12 Gordini a atterri ici en passant par le trou de la latte. Ce dernier est visible sur la carte 50. La seule clef qui se trouve près de ce trou est celle qui porte le numéro 134.

Carte 50 : Voir la carte 48 (énigme de la clef OSS 1001)

Carte 52 : Pour résoudre cette énigme, vous devez avoir les cartes 67 et 92. Sur la carte 52, les inscriptions permettent de savoir que les caisses proviennent toutes du conteneur T8739. Il faut donc s'intéresser à la colonne du milieu sur le tableau de la carte 67. Le C-4 est associé à la couleur verte : зеленый. La traduction se trouve sur la carte 92. C'est donc la ligne verte du tableau de la carte 67 qu'il faut regarder. À l'intersection de ces deux éléments, la bonne caisse est numérotée 438.

	КОНТЕЙНЕР T3689	КОНТЕЙНЕР T8739	КОНТЕЙНЕР T9370
	730	457	367
	421	812	502
	519	438	745
	655	198	279

C-4 : ЗЕЛЕНЫЙ

Carte 53 : À combiner avec les cartes numérotées de 60 à 65. Les abréviations sont des couleurs : VE pour vert, RO pour rouge, JA pour jaune, VI pour violet, BL pour bleu.

S'il y a un câble qui relie le vert au rouge, alors il doit y avoir un câble qui relie le vert au bleu. Ce n'est pas le cas du pain n°1. Le pain n°3 a un câble vert-bleu mais pas vert-violet. Enfin, le pain n°6 a un câble jaune-violet mais pas jaune-rouge. Le code est 136.

Carte 54 : À combiner avec la carte 35. Les intonations sont indiquées par des traits et un point sous la phrase en allemand de la carte 35. Pour choisir la bonne proposition sur la carte 54, il faut reproduire le même enchaînement, sur la ligne du haut. C'est le second choix, celui qui correspond à la carte 47.

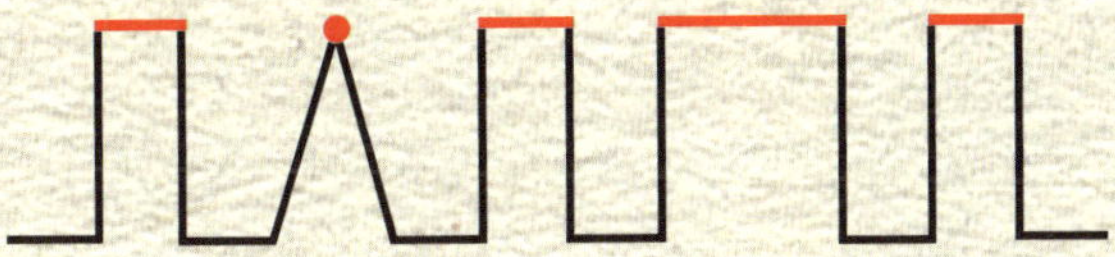

Carte 59 : À combiner avec la carte 98. Les caisses ont été stockées à l'envers dans l'entrepôt. Le chiffre 265 est donc devenu 592 !

Cartes 60 à 65 : Voir la carte 53 (énigme des pains de plastic)

Carte 67 : Voir la carte 52 (énigme des caisses OSS 1001)

Carte 71 : Voir la carte 12 (énigme de la clef OSS 117)

Carte 75 : Voir la carte 9 (énigme du carnet)

Carte 79 : Voir la carte 10 (énigme du radio-repéreur)

Carte 81 : Voir la carte 42 (énigme des jumelles)

Carte 82 : Voir la carte 84 (énigme des lattes)

Carte 84 : Pour résoudre cette énigme, il faut avoir la carte 82. La rebelle vous indique que la latte sous laquelle sont cachées les clefs porte un numéro qui sort du lot. Il y a deux éléments qui permettent d'identifier l'intrus : c'est le seul numéro qui ne contient pas de 3 et c'est également le seul numéro dont les chiffres se suivent dans l'ordre croissant (tous les autres numéros sont composés de trois chiffres qui se suivent dans l'ordre décroissant). La bonne latte porte le numéro 278.

Carte 86 : Voir la carte 2 (énigme de la conversation)

Carte 87 : Voir la carte 10 (énigme du radio-repéreur)

Carte 89 : Voir la carte 22 (énigme de la carte)

Carte 92 : Voir la carte 52 (énigme des caisses OSS 1001)

Carte 96 : Voir la carte 103 (énigme du mamba)

Carte 98 : Voir la carte 59 (énigme des caisses OSS 117)

Carte 102 : À combiner avec la carte 41. Pour noircir toutes les cases, il faut placer les explosifs sur les cases 1, 3, 4, 7, 8 et 9.

Carte 103 : À combiner avec les cartes 38 et 96. « *Si Rémi l'adoré* » cache les notes : si ré mi la do ré. Sur la portée de la carte 96, cela correspond aux chiffres 723612 (de gauche à droite, ce sont les notes do ré mi fa sol la si qui sont dessinées sur la portée).

Carte 105 : Voir la carte 32 (énigme de la rivière)

Cartes 108 à 112 : Voir la carte 6 (énigme des câbles)

Textes : Alice Millot avec la collaboration
de Jean-François Halin

D'après le film *OSS 117, Alerte rouge en Afrique noire.*

Scénario et dialogues : Jean-François Halin

Adaptation : Jean-François Halin et Nicolas Bedos

D'après les romans *OSS 117* de Jean Bruce

Photos : Christophe Brachet

Édité par Hachette Livre

(58, rue Jean-Bleuzen, 92178 Vanves Cedex)

Imprimé en Chine par Hung Hing
pour le compte des éditions Marabout.

Dépôt légal : septembre 2021

ISBN : 9978-2-501-16277-7

7579702

Édition 01